Der Kuss

Von Claudia Wendt

Buchbeschreibung:

Ein Kuss, ein verliebter Blick, ein verlockender Duft. Jeder in diesem Gedichtband empfindet die Liebe auf andere Weise. Sie kann verheerend, schön oder traurig sein.

Über den Autor:

Claudia Wendt schreibt Fantasygedichte und -geschichten. Sie schreibt seit mehreren Jahren Gedichte und Geschichten und möchte vor allem unterhalten. Ihre Gedichte spiegeln Geschichten wieder und haben eine balladenähnliche Form, die vor allem erzählt. Eines ihrer ersten Werke war das Literaturcafé, ein unterhaltsamer Lyrikband. Literarische Vorbilder für sie sind J.K. Rowling, Tolkien, Wolfgang Hohlbein und J.R. Ward.

Der Kuss

Gedichte

Von Claudia Wendt

Feldstraße 52
19230 Hagenow

Bibliografische Information der Deutschen
Nationalbibliothek:
Die Deutsche Nationalbibliothek verzeichnet diese
Publikation in der Deutschen Nationalbibliografie; detaillierte
bibliografische Daten sind im Internet über http://dnb.dnb.de
abrufbar.

2. Auflage, 2022
Feldstraße 52
19230 Hagenow

Herstellung und Verlag: BoD – Books on Demand,
Norderstedt

Lektorat: Claudia Wendt
Korrektorat: Claudia Wendt

https://games-und-lyrik.de
ISBN: 9783756855124

Der Kuss

Eine Narbe im Gesicht,
Den Anblick von ihm, vergisst sie nicht.

Schwarze Augen durchschauen sie kalt,
Seine Seele ist lange schon alt.

Junger Körper, gemarterter Leib,
Betrachtet sein Blick das zitternde Weib.

Drängt sich an sie, küsst sie, nicht hart,
Seine Lippen sind weich und zart.

Verliert sie sich in einem Traum?
Geschieht das wirklich? Sie glaubt es kaum.

Es gefällt ihr, die Kontrolle zu verlieren,
Ihr Köper befiehlt ihr, nach mehr zu gieren.

Eine Narbe im Gesicht,
Seinen Kuss vergisst sie nicht.

Die Geliebte des Vampirs

Hört, welch Drama ist entbrannt,
Als ein Vampir die Liebste fand,
Die er Jahrhunderte gesucht,
in denen er wandelte, verflucht.

Einst ging Laura im Park spazieren,
Sich in Gedanken zu verlieren,
Dort traf sie Ihn.
Wie im Traum wie ihr schien.

Er sprach sie einfach an,
Der fremde junge Mann,
Einander lernten sie kennen,
Nichts konnte sie mehr trennen.

Sie begegneten sich dort,
Öfter an jenem Ort.
Immer in finsterer Nacht
Wenn die Dunkelheit sie bewacht.

Doch eines Tages sah sie ihn,
Nicht alleine wie ihr schien.
Mit einer Anderen,
Schien er zu wandern.

Laura folgte ihnen fort,
Zu einem versteckten Ort,
Vernebelte Sinne, verschleierter Blick,
Wie hypnotisiert mit viel Geschick.

Zum Kusse beugte Vlad sich über sie,
Laura vergaß den Anblick nie,
Als sein Mund ihren Hals berührte,
Die junge Frau er dort verführte.

Statt in Wonne zu vergehen.
Schien ihr Herz vor Angst still zu stehen.
Sie versuchte, sich zu entwinden.
Doch schien etwas sie zu binden.

Panisch suchten ihre Augen,
Konnten es nicht glauben,
Erblickten Laura, versteckt hinter dem
Baum,
Schlossen sich verloren, im ewigen Traum.

Ihr Gesicht wurde weiß,
Rotes Blut pulsierte heiß,
In Vlads blutverschmierten Mund,
In jener Stund'.

Laura drehte sich um und rannte fort,
Nach Hause, nur weg von diesem Ort.
Wo der Manne, den sie liebte,
Das Leben einer Frau versiegte.

Mit tiefen Schmerzen,
In seinem Herzen,
Sah er ihr nach,
„Mein Geheimnis kennst du nun …" er leise
sprach.

Eine Vampirin hatte gesehen,
Was über Wochen war geschehen,
Die Vlads Liebe haben wollte.
Sie der neuen Liebe grollte.

Sie lockte Laura an einem Ort,
Von Vlad weit fort,
Die junge Frau zu töten,
Die war in großen Nöten.

In Handschuh gehüllt war ihre Hand,
Die der Dolch aus Silber hätte verbrannt.
Sie stieß Laura in Wut den Dolch ins Herz,
Der ihr brachte Tod und Schmerz.

Bevor sie in Schmerzen verginge,
Zog sie heraus die scharfe Klinge.
Vlad roch von Weitem das verlockende
Blut,
Was ihn erfüllte mit großer Wut.

Wie das Schicksal so geht,
Und der Wind unbeständig weht,
So kam er zu jenem Ort zu spät,
Vom Instinkt das Denken verdreht.

Anstatt sich zu stürzen, auf den Vampir,
Auf das er seine Seele verlier,
Stürzte er sich in seiner Wut,
In der Liebsten Blut.

Im Sturze merkte er es nicht,
Das ungleich riesige Gewicht,
Welches durch sein Herze drang,
Und seine Todesmelodie ihm sang.

Der Dolch den seine Liebste herausgezogen,
Hatte viel für sie gewogen,
Mit aller Kraft hielt sie die Klinge von sich,
Mit blankem Entsetzen im Gesicht.

Durch ihr weiches Fleisch drangen seine
Zähne.
Der großen Schmerzen ich nur wähne,
Durch seine Kehle floss pulsierendes Blut,
So süß, so unendlich gut in seiner Wut.

Das Silber durchdrang heiß,
Sein untotes Fleisch.
In ihrer größten Not
Fand er den Tod.

Die Vampirin konnte es nicht verstehen,
Das ihr Liebster so konnte vergehen.
Zu Staub zerfiel er vor ihrem Blick,
In einen Albtraum fiel sie zurück.

Die Sonne schickte erstes Licht.
Diesen Tod wählte sie nicht.
Den Dolch ergriff sie in ihrem Schmerz.
Und stieß ihn sich in ihr schlagendes Herz.

Windmärchen

Machtvoller Wind erhebe dich!
Der kleine Mensch, er rettet sich!
Über die Felder hinweg,
Trägst du Pflanzen, Staub und Dreck.
Wehst Blüten, Blätter, klein Getier,
In deiner verspielten, machtvollen Gier,
Zu tragen, was nicht festgemacht,
»Ha! Ha! Ha!« Hört, wie er lacht!

Freude, zu bewegen, was er kann,
Macht er Angst, fast jedermann.
Kein Wasser ist sicher, es tost in den
Himmel,
Der Wind reitet herum, auf seinem
Schimmel.
Der weiße Mantel flattert umher,
In seinem Übermut möchte er mehr!

Machtvoll reißt die Windhose,
Alles mit sich, mit viel Getose!
Nichts ist geschützt in der Welt,
Wenn es dem Winde gefällt.

Er reißt Haus und Hof in den Himmel
hinauf,
Siehst du ihn? Lauf!

Hat er gespielt, wird's ihm rasch fade,
Verlässt der Menschenwelt Gestade.
Zu wehen, zu wirbeln, kehrt er zurück,
Wo er hat sein täglich Glück.

Sein Schloss steht am Rande der
bekannten Welt,
In den Wolken, die halten das Himmelszelt.
Sucht ihn die Langeweile heim,
Will er auf Abenteuer sein,
Lässt zurück seine Königin,
Sein anderer, fröhlicher Lebenssinn.

Er gewann sie einst von der Nacht,
Wo sie als Stern zum Leben erwacht.
Bildhübsch, erschienen, um zu sehen,
Was er vermag mit dem Wirbeln und
Wehen.
Erblickte er sie, war er in ihrem Bann,
Der Kaiser, der Wind, der mächtige Mann.

Langes weißes Haar, wie Schnee,
Bleiche Haut, Augen braun, wie ein Reh.
Ein lauer Sommerwind wehte sogleich,
Durch das ganze Menschenreich.
Sein Herz, von der Eiskönigin gefroren,
War an den Stern verloren.

Dies war der Eiszeit letzter Hauch,
Spürst du das warme Lüftchen auch?
Wenn es Streit gibt mit seiner Frau,
Dann werden die Wolken grau.
Die Luft wird kalt, der Schnee, er fällt,
So wird es Winter in der Welt.

Wird er nach dem Ehekrache schwach,
Kommt der Frühling, die Natur wird wach.
Somit hofft die Welt auf Eintracht vom Wind,
Dem verspielten Manne, dem großen Kind.

Verlockender Duft

Sie ging aus dem sicheren Haus,
Schritt in die kühle Nacht hinaus.

Er verließ die nächtliche Gruft,
Da roch er ihren verlockenden Duft.

Durst trieb den Krieger sonst in die Stadt,
Jeden Abend trank er sich satt.

Ihr Duft traf ihn, wie ein brutaler Schlag,
Verführung, Erotik dieser versprach.

Er folgte ihr heimlich ins traute Heim,
Wo sie sich stets schloss schützend ein.

Die Gegend war unsicher in der Nacht,
Heut hat sie die größte Gefahr gebracht.

Er öffnete das Schloss und trat ein,
Entsetzt wich sie zurück und wollte
schreien.

Seine Augen hielten sie mit Blicken
gebannt,
Am liebsten wäre sie weggerannt.

Etwas hielt sie jedoch gefangen,
Sie fühlte sich, wie in eisernen Zangen!

Er trat ganz nah an sie heran,
Er roch so gut, der fremde Mann.

Seine Augen, in einem betörenden Blau,
Seine Stimme, sie klang so rau.

Müdigkeit umfing ihren Leib:
»Ich werde dein Mann und du mein Weib.«

Seine kraftvollen Arme fingen sie auf,
Alle Instinkte schrien ihr zu: Lauf!

Flucht? Nein, daran war nicht mehr zu
denken,
Sie sah, wie sich seine Lippen senkten.

Er bog ihren Kopf sanft zurück,
Ihr Lebenssaft verhieß Zukunft und Glück.

Ihr Blut war sein köstlichster roter Wein,
Sie schlief in seinen Armen ein.

Die neue Nacht, sie brach heran,
Sie ging auf die Jagd, mit ihrem Mann.

Die Prinzessin im Zwielicht

Am Firmament, ein Stern geht auf,
Zieht ein großes Schloss herauf,
Das Verborgen zwischen Tag und Nacht,
Wird von Wesen schwer bewacht,
Die wir nur kennen aus Geschichten,
Welche die Menschen gerne dichten!

In seinem Innern verborgen,
Ganz ohne Sorgen,
Lebt eine holde Maid,
Die nie ging sehr weit,
Von dem Schlosse fort,
Zu einem andern Ort.

Sie ist in ihrer schönsten Gestalt,
In eines Drachen Gewalt.
Sodass die Prinzessin nie einen Menschen
gesehen,
Mit dem sie konnte gehen.

Gelesen hat sie von der Liebe,
Vom Herzensdiebe.

So sehnt sie sich in Einsamkeit,
Nach einem Leben zu zweit.

Ein Prinz hatte von ihr gehört und gelesen,
Ist auf dem Weg zu ihr gewesen.
Die Monster selbst hat er erschlagen,
Die sich in seine Wege wagen.

Ohne Furcht, kämpft er mit dem Schwert!
Dies holde Weib ist sein Leben wert.
So kommt er durch Dämonenreihen,
Die Prinzessin zu befreien.

Zuletzt steht er vor dem Drachen,
Dem die Geschichten Ehren machen.
Die Flügel gespannt, in den Augen die Glut,
War er so groß wie ein Fingerhut.

Was war in den Geschichten geschehen?
Was hatten die Erzähler gesehen?

Wenn sie in Dunkelheit bei Flammenschein
kamen,
die Prinzessin zu befreien,

Erblickten sie des Schattens Riesengestalt,
Der kam daher mit Gewalt.

Die Angst vor unvorstellbaren Schmerzen,
Erfasste ihre Herzen,
Sodass sie ergriffen mit Wucht,
Und Schnelligkeit die Flucht.

Wenn der Ruf ist in Gefahr,
Erfindet Mann sogar,
Armeen, die er besiegt,
Damit er die schönsten Frauen kriegt.

Der Prinz ward der Prinzessin Mann,
Und regierte das Königreich sehr lang,
Weise und voll frohgemut,
Mit einem Wächter so groß wie ein Fingerhut.

Der Fluch des Biests

Eine Rose, die Ihr zu verbergen wisst,
Euer ewig gebundenes Schicksal ist.

Ein Blütenblatt zu Boden fällt,
Die Zeit verrinnt unterm Himmelszelt.

Ihr verweilt, solange Blüten stehen,
Sinkt, die Letzte, müsst ihr gehen.

Wenn die Liebe, euch, das Biest verführt,
Der Schönen Herz, wird trotz seines Antlitzes
berührt,
Zu lieben das Biest, vom Herzen tief,
Verschwindet der Fluch, den ich rief.

Vermählung

Sehet, dies Buch, es schreitet voran,
Zu seinem zukünftigen Ehemann,
In weißen Tüll gehüllt,
Sind seine Seiten gefüllt.

Das Leder extraschön poliert,
Das es das ganze Buch verziert.
Hoch erhoben das Cover schreitet,
Es die Prozession anleitet.

Dahinter reihen sich alle ein,
In die Buchregalreihen.
So stehen sie vor dem großen Buch,
Das verhüllt im roten Tuch.

Beide Bücher werden vermählt,
Sie haben einander gewählt.
Das rote Buch leitet die Zeremonie,
Kein Buch vergaß sie nie.

Tränen weinte das Badebuch,
Trocknete sie mit einem Tuch,

Man stellte es extra, damit nichts wird nass,
Denn nur dieses vertrug den Tränenspaß.

Die anderen freuen sich und gratulieren,
Wie schön beide Bücher einander zieren.

Für alle Zeit einander zugetan,
Sie sich tief in die Cover sahen,
Man übersah es nicht,
Beide Bücher liebten sich.

Liebesgedicht

Ich bin ein Hauch,
Spürst du es auch?

Seicht streichel ich dein Gesicht,
Fühlst du mich?
Hast du mich nicht gespürt?
Oder bist du es, die nach mehr giert?
So werd' ich zur lauen Luft,
Trage mit mir süßen Duft.

Merkst du meine Anwesenheit immer noch
nicht?
Ich puste dir kräftig kühl ins Gesicht!
Ich bin die Böe, die dich umweht!
Du bist es, die in meinem Atem steht.
Hält dich nicht auf, mein großes Wüten?
Ich trage mit mir Blumen und Blüten.

Kraftvoll reiße ich aus,
Bäume und Haus!
Ich bin ein Tornado!
Wolltest du es so?

Verwüstung, Zerstörung und Flut!
Ich bin der Hurrikane, fühlst du meine Wut?

In meinem Innern lebt eine Rose,
Bin eine Wind-, eine Wasserhose.

Niemals kann ich dich berühren,
nur du, kannst meine Liebe spüren.
Meine Geliebte, mein schönes Kind,
Spürst du mich nicht? Ich bin der Wind.

Liebeskummer vom Wind

Ich wehe tagein tagaus,
Durchs Land hinein und hinaus.

Ein Weib such ich, für mein Leben,
Dem sie einen Sinn kann geben.

So schöne Frauen, hab ich gesehen,
Keine wollte mit mir gehen.

Ich wünsche mir von so weit fern,
Vom Firmament jetzt einen Stern.

Unerreichbar wird sie immer sein,
Frisst sich in mein Herz hinein.

Der Kummer, der Liebe Glückseligkeit,
Ist für ewigen Liebeskummer bereit.

Eine Sternschnuppe! Sie fällt hinunter,
Auf die Erde runter,
Wandelt sich in ein schönes Wesen,
Dessen Antlitz ich nicht kann lesen.

Berühren, mit zartem Winde Kuss verloren,
Habe ich ihr die Liebe geschworen.

Sie reicht mir die Hand, um mit mir zu gehen,
Ewig an meiner Seite zu stehen.

Wenn der Hexe Zauber mir nicht verwehrte,
Das als Mann ich mich ihr näherte.

So bleibt mir nichts, als sie zu umwehen,
Und bei jedem Schritt, mit ihr zu gehen.

Künstliche Liebe

Ein künstlicher Körper und ein Herz,
Das spürt so real den Schmerz.
Der Abgrund sich mir aufgetan,
Dass die Liebe ich erfahren,
Wo mein Leib doch künstlich ist,
Und die Menschlichkeit vermisst.

Für den Kampf erschuf man mich,
Dann traf ich dich.
Das Herz zerspringt mir in der Brust,
Wenn ich an dich denken muss,
Die ich, so muss ich es jetzt sagen,
Gezwungen bin, dich zu jagen,
Für das was du getan,
Was andere sahen.

Mein künstlicher Körper … Er hat ein Herz,
Und doch erträgt es nicht den Schmerz.

Unwiderstehliches Blut

Dieser Duft, er zieht mich an,
Sodass ich nicht widerstehen kann.

Ich sehe sie, ihr Antlitz so schön,
Möchte ich schnell zu ihr gehen.

Zum Kusse verleiten die Lippen mich,
Ich berühre dich,
Mit meinen Fingern, in Gedanken,
Keinen Moment würde ich wanken.

Ich halte mich mit Mühe zurück,
Um nicht zu zerstören, mein ersehntes Glück.

Deinen Hals meine Lippen berühren,
Sie an deine Haut führen.

Ein Kuss auf dein zartes Fleisch,
Das unter mir sich windet so weich,
Dein Blut trinken, welch seltener Genuss,
Bringt mir dieser Kuss.

Dein Atem wird unter mir ganz still,
Dein Körper weiß, was er will,
In dem Moment, indem mein Blut deine
Lippen benetzt,
Nein, ich habe dich nicht verletzt.

Ich mache dich zu meinem Weib,
Mit deiner Seele, deinem Leib.

Unerlaubte Blicke

Eine Nymphe, das schönste Geschöpf vom
Teich
Bläulich schlanker Gestalt, an Schönheit
reich,
Ging ihre Schwester im Flusse besuchen,
Mit ihrem schmackhaftesten Wasserkuchen.

Während ihr Reich,
War ein kleiner Teich,
Der perfekte Ort für den Nymphenball,
Schützte ihr Schwesterlein einen Wasserfall.

So nutzte die Nymphe bei ihrem Besuche,
Gerne den Wasserfall als Dusche.

Doch einst, sie hatte es nicht gesehen,
Als sie dabei war zum Flusse zu gehen',
Wurde von einem Menschen sie erblickt,
Der von ihrem Anblick war verzückt.

Tag für Tag schlich er sich hinter einen Baum,
Wo er heimlich konnte schauen.

Geheim blieb das Ganze nicht,
Er wurde beobachtet von einem Gesicht.
In jenem Baume, Betrachter vom Bade,
Wohnte eine männliche Dryade.

In des Naturwesens Brust,
Pflanzten sich Eifersucht und Frust.

So rief er dann,
Seines Gottes Namen an.
„Oh Dionysos! Deine liebste Nymphe hold!
Deine Geliebte, die du gewollt,
Wird betrachtet vom Menschenkind,
Mach ihn zur Strafe dafür blind!

Wenn du nicht schützt diesen Ort,
So ist auch sie bald von hier fort,
Wie jene Gewässer in den Städten,
Die nie ihr blau verloren hätten,
Wenn die Menschen nicht wären, wie sie sind,
Ein dummes ungestümes Kind.

Nachdem der Gotte dies vernommen,
Die Glut der Wut ihn eingenommen,

„Meine Augenweide, mein geliebter Stern,
Die Menschen halt ich von dir Fern.
Ich gebe dem Manne, was er begehrt
Selbst, wenn er noch so sehr sich wehrt."

„Mein Untertan wirst du jetzt sein,
Drum pflanz dich in den Boden ein.
Arme und Beine lassen dich wanken
Drum wachsen sie zu langen Ranken."

Des Mannes Schreie hallten durch den Wald,
Ihm wird grauselig und kalt.
Der Baum schien ihm das einzig Warme,
Drum schlang er um ihn, seine Arme.

„Auf den Wasserfall wirst du schauen können
diese Gunst wird' ich dir gönnen."

Gnade hat Dionysos nie gegeben,
der Mann rankt um den Baum als Weinreben.

Seine Augen

Seine Augen sehen dich an,
Welch eleganter Mann.
Gestik, Mimik, nicht von dieser Zeit,
Wartet er auf dich, bereit.

Er bietet dir seine Hand,
Das unlösbare Band.

Seine Augen, meeresblau,
Der Blick verrät dir, er ist schlau.
In ihnen könntest du versinken,
Wie im Meer ertrinken.

Augen, welche die Jahrhunderte sahen,
Die Ereignisse, sie waren,
Mehr als ein Mensch sehen sollte,
Ihnen seinen Tribut er zollte.

Sie ziehen dich magisch an,
Die Augen, von diesem Mann.

Gib Acht, er ist mehr, als was er scheint,

Wenn ihr euch auf ewig vereint,
Mit jenem Schwur aus Blut,
Der für euch beide scheint so gut.

Sei dir bewusst, was du gibst,
Wenn du jenen Manne liebst.

Die Kontaktanzeige

In der Zeitung stand geschrieben:
»Suche Dame für mich zum Lieben,
Mit Blutgruppe 0, süß wie Wein,
Sie sollte für mich die Richtige sein.

Die Dame darf nichts gegen Blutstpenden
haben,
Und muss sich in die Jahrhunderte wagen.
Wenn Nachtwandeln etwas ist für dich,
Die Zeit im Dunkeln verbringe für mich.

Die Sonne bekommst du lange Zeit nicht zu
sehen,
Wir werden vor allem im Dunkeln rausgehen,
Aufgrund hoher Sonnenbrandgefahr,
Bis in die Ewigkeit, immerdar.

Übernachtung im Luxussarg,
Da ich ihn besonders mag,
Ausgepolstert mit Seide,
Eine wahre Augenweide.

Millionär bin ich inzwischen auch,
Verwandel mich öfter mal in Rauch.

Wenn du Lust hast zum 1. Date,
Melde dich per Fledermaus, nicht zu spät.«

Gezeichnet, die lebende Vampirgefahr,
Graf Dracula.

Der Vampir

In seine Augen wirst du sehen,
Und mit ihm gehen.

Wie Blut so rot,
Prophezeien sie Tod.

Hypnotisieren dich …
Du verlierst dich …
In seinen Pupillen
Wie auch den Willen.

Du reichst ihm deine Hand,
Er zieht dich durch eine Wand,
Verlierst deine Sterblichkeit,
Sie wird zur Unendlichkeit.

Spitze Fänge nehmen dein Leben,
Deine Seele wirst du geben.
Nun ist er nicht mehr allein,
Mit ihm wirst du immer zusammen sein.

Der Einsame, der das Glück fand

Jahrhunderte warst du verflucht,
Hattest das Unglück für dich gebucht.

Wie kann es sein, dass ein kleines Stück,
Dir geschenkt hat, das große Glück?

Du berührst sie, wie könnte es sein,
Wäre sie auf immer dein ...

Die Einsamkeit ist dir bekannt,
Sie hat dein Herz zu Kohle verbrannt.

Seit du dich mit ihr verbunden,
Hast du es in der Asche wiedergefunden.

Erstanden bist du, um bei ihr zu sein,
Sie wird mit Herz und Seele dein.

Der Tanz

Schritt für Schritt tanzt sie, das Tuch erhoben,
Beobachtet wird sie von oben,
Von der Freier Schar,
Die ihrer gewahr.

Sie tanzt im Reigen mit den Andern,
Die kunstvoll im Kreise wandern,
In Ballkleidern, elegant wie die Nacht,
Schreiten sie zum Tanze bedacht.

Mit Diademen und Schmuck verziert,
Der Männer Blicke giert,
Nach Jugend, Schönheit, der Frauen Glanz,
Drehend, ein tanzender Kranz.

Endlich dürfen sie hinunter,
Zu ihren Damen runter,
Empfangen zum Tanze, aufgespielt wird,
Und das Paar des Abends gekürt.

Das Ehegelübde

Im Kreise dreht sie sich,
Verzaubert dich,
Auf Wismars Wegen,
Wo sich des Nachts Gestalten regen,
Wenn die Stadt im Schlafe liegt,
In Sicherheit sich wiegt.

Weiß scheinend, wie ein Gespenst,
Das du nicht kennst,
Kalte Augen schauen blau in die Nacht,
In die man sie gebracht.
Das weiße Kleid wiegt sich in Windesstille,
Wie es ist, ihr Wille.

Durch die Dunkelheit hallt der Schrei
Der erste Fall, ist schnell vorbei.
Ein Mensch klettert panisch aus der Finsternis
raus,
Er kommt niemals aus dem Haus.
Schwärze greift nach ihm,
Er kann nicht entfliehen.

Verflucht soll er sein,
Krallen ziehen ihn in die Düsternis rein.
Es folgt aus der Häuserreihe,
Ein Crescendo grauenvoller Schrei.
Krallen lassen niemanden entkommen,
Weder die Lasterhaften, noch die Frommen.

Gespenstische Ruhe kehrt ein,
Dies soll nicht das Ende sein.
Sie hält den beschwörenden Tanze an,
Aus einem Hause tritt ein Mann …
Augen rot wie Feuer …
Sind teuer …

Die Hand streckt er ihr entgegen,
In die Seine soll sie Ihre legen.
Ein Kuss, der ihr den Atem nimmt,
Eine Träne in ihrem Blicke schwimmt.
Sein Blick durchdringend, seine Stimme rau
Begrüßt der Teufel, seine Frau.

Das Eisschloss

Der erste Schnee fällt,
Als Flocken auf die Welt.
Die Erste Flocke den Boden berührt,
SIE jene Berührung spürt.

Eisblaue Augen öffnen sich:
„Winter, ich Königin rufe dich!"
Viele Flocken fallen nieder,
Ihnen folgen Weihnachtslieder …

Der See in Kälte starr gefriert,
Seine flüssige Form verliert.
Aus dem Eis schiebt sich das Tor,
Eines Schlosses magisch hervor.

Wände wachsen rankengleich,
Zu ihrem wunderschönen Reich.
Eisengel schauen auf die Erde,
Beobachten die Menschenherde.

Die Königin ins Schlosse schwebt,
Magie ihr Thron und Thronsaal webt.

Regieren tut sie mit Kälte und Frost,
Gibt denen die kommen Logis und Kost.

Wer dieses Schloss betreten,
Der wurde stets gebeten:
„Bleib und Lass mich nicht allein,
Ich will nie wieder einsam sein!"

Nie, ist wiedergekehrt,
Wer sich hat verwehrt.
Einer, der kam, blieb,
Der seiner Familie schrieb:

„Habe hier mein Glück gefunden
verlebe fröhlich kühle Stunden.
Ich lad euch ein, es ist so schön
Möchte' nie wieder von hier geh'n."

Jener Mann besucht einmal im Jahr,
Jeden Menschen … wie sonderbar …
Bringt Geschenke und Glück, wenn er kann:
Ja, er ist der Weihnachtsmann …

Der Ball

In schwarz gekleidet sah ich ihn,
Durch die glänzende Menge ziehen,
Die in Anzüge und Kleider gehüllt,
Den Saal gefüllt.

Er stach aus der Masse,
Mit seiner Ausstrahlung und Klasse.

Ein wenig überheblich und arrogant,
Er schien bekannt,
Insbesondere in der Damenwelt,
Auf weitem Feld.

Gerüchte flüsterte man mir zu,
Sie brachten mich nicht zur Ruh.

Er hob mit Geschick,
Zu mir, unauffällig den Blick,
Lächelte verwegen mich an,
Dieser arrogante, schöne Mann.

Umringt von Damen befreite er sich,

Und beobachtete mich,
Nachdem er sich zurückgezogen,
Unauffällig um die Ecke gebogen.

Das Brennen in der Brust, der Gedanke an
ihn,
Ließ mich vom Balle nach draußen fliehen.

Mein Herz klopfte wild, beim Gedanken daran,
Wie mich der Mann zog in seinen Bann.

Im Garten wandelte ich,
Zur Ruhe fand ich für mich,
Da trat er aus dem Grün zu mir:
»Guten Abend, du Schönheit hier.
Erröte nicht, solch schönes Gesicht,
Erwartete ich auf dem Balle nicht.
Flüchte nicht, bleib und erzähl von dir,
Leiste Gesellschaft mir.«

Ich tat wie geheißen, wir saßen zusammen,
Das Gespräch ließ mich Bedenken bannen.
Er war intellektuell,
Begriff schnell,
Von den Ereignissen ich erzählte,

Keine leichten Themen ich wählte.

Roten Wein gab er mir zu trinken,
So süßlich, ich dürstete, darin zu versinken.

Die Musik auf dem Balle verstummte,
Das Blut in den Ohren mir summte,
Als er sich mir näherte,
Ich mich nicht wehrte.

Meinen Hals seine Lippen berührten,
So weich, sie mich verführten.

Was ich nicht erwartet, war der Schmerz,
Der mir fuhr bis ins Herz,
Als er mich nah an sich riss,
Und mich biss.

Bewegen konnte ich mich nicht,
Wo wir saßen, war kein Licht.

Ich merkte die Schwäche, die kam,
Als ich lag in seinem Arm.
Er legte mich langsam hinunter,
Auf den Boden runter,

Wo keiner mich sah,
Ich mit ihm verborgen war.

Schwarz wurd mir vor Augen,
Ich konnte nicht glauben,
Das ein Vampir sich an mir näherte,
Alles in mir, sich gegen den Gedanken
wehrte,
Und doch geschah es zu jener Stunde,
Gewahrte ich am Hals die Wunde.

Er leckte darüber und ließ mich zurück,
Verließ mich in meinem traurigen Glück.

Ich erwachte in der Nacht,
Ich empfand in meinem Innern sacht,
Das Summen, das mir sagte, wo er war,
Wo ich ihn wiedersah.

In jenem Hause wartete er,
Sehnte sich so sehr,
Nach einer Begleitung durch die Zeit,
Ich kam zu ihm in meinem Kleid,
Aus der Hand nahm ich ihm das Weinglas,
Mit dem er am Balkone saß,

Küsste seine Lippen: »Ich hab mich an dich gebunden,
Und du hast deine Begleitung gefunden«.

Weitere Bücher der Autorin:

Gedichtwelten:

Band 1: Der Kuss – ISBN: 978-3-7557-8397-8

Band 2: Angriff der Bücher

Band 3: Der Büchersammler

Band 4: die hängenden Gärten von Babylon

Band 5: Sonne und Regen

Band 6: Fremde Welten

Band 7: Die hängenden Gärten von Babylon